La democracia

Amparo Bosque, Luis Castro Obregón y Susana Rosique
La democracia

© Fineo Editorial, S.L.
www.editorialfineo.com
ISBN: 978-607-96808-4-8

Primera edición, 2017

© Amparo Boque y Luis Castro por los textos, 2015
© Susana Rosique por las ilustraciones, 2015

Cuidado editorial: Anael Moreno
Diseño gráfico editorial: Eduardo Hermosilla

La democracia

Amparo Bosque y Luis Castro Obregón
Ilustraciones Susana Rosique

¿Desde cuándo existe la democracia?

La palabra "democracia" la inventaron los griegos, en Atenas, a mediados del siglo V a.C. (hace más de 2 mil 400 años). Ellos propusieron una forma de organización política en donde todos los habitantes pudieran participar en los cargos públicos de la ciudad.

La invención de la democracia fue algo maravilloso, porque permitió que todas las personas pudieran opinar sobre las decisiones que les afectaban.

¿Sabías que...?
La democracia nació para que los más débiles pudieran acudir a los tribunales populares y así, los jueces podían proteger también a las personas pobres e indefensas.

¿Por qué se creó la democracia?

Antes de que la democracia existiera, en las ciudades gobernaban las familias propietarias y poderosas. Las mujeres y los esclavos no tenían derechos ni decidían nada.

Los primeros demócratas querían que a todas las personas se les tratara por igual, a ricos y pobres, sin diferencia.

Por eso se creó la democracia, para que todos participemos y decidamos juntos quién nos gobierna.

¿Sabías que...?
Había un griego llamado Solón a quien le encargaron ser el árbitro de dos grupos: los ricos y los pobres endeudados (que estaban a punto de iniciar una guerra civil). Solón fue el primero en reformar la Constitución en un sentido democrático; protegió a los débiles contra la explotación y el abuso de los poderosos, y así dio inicio a un orden equilibrado.

¿Qué significa democracia?

Democracia viene de la palabra griega *demokratia*, que se compone de dos partes: *demos*, que quiere decir "pueblo", y *kratos*, que quiere decir "poder". Es decir, según el origen de la palabra, la democracia es un sistema político donde el pueblo es el que manda. Significa "poder del pueblo".

¿Sabías que...?
Para los antiguos griegos la "democracia" se oponía a los otros dos sistemas conocidos: la "monarquía" (el gobierno de un rey), y la "aristocracia" (el gobierno de los más ricos o de los privilegiados).

¿Y la democracia qué tiene que ver conmigo?

La democracia influye en tu vida, ya que no es solo una forma de gobierno, también es una forma de vida en donde todas las personas, por medio del diálogo, la participación y el voto se ponen de acuerdo para actuar y vivir en armonía.

Cuando se vive en democracia, los deseos, intereses y necesidades deben tomarse en cuenta... ¡lo que tú quieres vale tanto como lo que quieren los demás!

Si en la democracia cada quien hace y dice lo que quiere, entonces... ¿no hay reglas?

Cuando se vive en democracia, hay que cumplir normas y reglas. Hay que obedecer y respetar las leyes, que fueron hechas para que todos vivamos en paz.

¿Sabías que...?
Las leyes son las que permiten que todos convivamos de manera responsable y justa, pues por medio de ellas hacemos valer nuestros derechos y obligaciones. De esta forma contribuimos al orden de nuestro país.

¿También hay democracia en mi barrio? ¿Y en casa? ¿Quién decide?

Sí, las decisiones familiares pueden ser democráticas: pactar entre todos a dónde ir de vacaciones, en qué restaurante comer, qué película ver, etc.

Los vecinos de tu barrio también pueden decidir juntos las acciones que se deben apoyar en beneficio de todos… incluso tú, con tus amigos, puedes ser democrático al decidir entre todos si juegan a la pelota o al ajedrez.

Bueno, sabemos que a veces llegar a acuerdos es difícil porque no todos queremos lo mismo ni pensamos igual. Por ello es importante la democracia, porque nos ayuda a convivir cuando existen desacuerdos.

¿Y qué pasa si en la democracia no estoy de acuerdo con algo?

Para ser un buen demócrata hay que saber reconocer lo que quiere la mayoría y, si no estamos de acuerdo, no significa que seamos perdedores. Tenemos que saber convencer a los demás.

¿Sabías que...?
La democracia no es una cosa de la que solo se deban ocupar los políticos, sino que debemos participar todos los ciudadanos.

Ganamos todos cuando se respeta la decisión de la mayoría porque se consigue que todos participen y siempre habrá otra oportunidad para lograr que los demás apoyen propuestas diferentes... por ejemplo, si hoy la mayoría quiere jugar un deporte, mañana se puede organizar un torneo en internet.

Mi abuelo dice que "el voto no sirve para nada" y nunca va a votar...

Votar es la mejor manera que tenemos de participar en la sociedad. Mediante el voto, los ciudadanos elegimos a las personas que nos van a gobernar, luego debemos estar pendientes y exigirles que hagan bien el trabajo que les encomendamos.

Cuando hay elecciones, ¡todos debemos votar! porque si no votamos son otros quienes eligen a los gobernantes, es decir, sin nuestro voto son otros los que deciden. Si no participamos no tenemos derecho a quejarnos.

¿Sabías que...?
En Siberia, en las votaciones para presidente, las urnas las jalaban renos de un lugar a otro, y así conseguían los votos de todos.
En Indonesia, los papúes votan con ayuda de folletos con las fotos de los candidatos.

Pero en democracia, ¿cómo debo participar?

Tú serás democrático cada vez que reconozcas los valores de igualdad, diversidad y libertad de la sociedad en la que vives. Respetar los derechos de los otros, y valorarlos, es la mejor manera de participar en democracia.

Por ejemplo, si en el país hay leyes, en casa
hay reglas familiares. Se vive en democracia
si todos se ponen de acuerdo para decidir
quién lava los platos, quién cocina o quién va
al supermercado, y si todos
cumplen sus obligaciones
familiares.

¿Y si unos quieren una cosa y otros otra?

Debemos construir acuerdos aunque no nos guste lo que los demás quieran. Para aceptarlos es importante saber cuántas personas quieren una cosa y cuántas quieren otra.

Existen varios tipos de acuerdos:

- **Por unanimidad:** ocurre cuando hay una votación y TODOS quieren lo mismo.

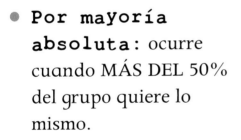

- **Por mayoría absoluta**: ocurre cuando MÁS DEL 50% del grupo quiere lo mismo.

- **Por mayoría relativa**: es cuando un grupo no llega a ser el 50%, pero es el que tiene más porcentaje de votos.

- **Consenso**: es cuando no hay votación pero todos llegan a un acuerdo.

¿Cómo convencemos a los demás?

Para lograr un consenso, que quiere decir que todos estén de acuerdo sin que haya votación, o para tener mayoría, que significa tener más votos para ganar, lo más importante es el diálogo.

Dialogar significa saber expresar tus ideas y demostrar que son mejores. Para eso también es muy importante saber escuchar lo que otros proponen y tomar las mejores ideas de todos.

A veces, los políticos hablan mucho y escuchan poco.

En las sociedades, ¿qué es lo opuesto a la democracia?

Si en democracia todos participamos para elegir a los gobernantes, lo contrario ocurre cuando los habitantes no deciden nada y el gobernante tiene todo el poder.

Lo opuesto a democracia se puede llamar tiranía, dictadura, autoritarismo, y en esos países surge la inconformidad, el caos y el maltrato.

En la democracia, en cambio, debe prevalecer el acuerdo y la concordia.

¿Sabías que...?
Para que la participación sea democrática se deben respetar las leyes, los derechos de los demás y los procedimientos establecidos. Se debe evitar cualquier forma de violencia. Es importante la participación de todos para cambiar las cosas que se consideran injustas o para apoyar alguna causa.

27

¿Qué es la participación ciudadana?

¿Sabías que...?
En la escuela, las materias que tienen que ver con democracia se llaman civismo, educación para la ciudadanía, ética o educación cívica. En México, la primera vez que se repartieron libros de civismo gratuitos fue el 1 de septiembre de 1960, cuando el presidente Adolfo López Mateos entregó los primeros ejemplares de libros de textos gratuitos en México.

Cuando uno dice lo que quiere para su ciudad, lo que quiere mejorar, uno está participando. Debemos sentirnos parte de la comunidad en donde vivimos. Ser propositivos y convivir de la mejor manera con los demás. Eso es la participación ciudadana.

¿Todos los países viven en democracia?

A pesar de que la democracia ha crecido mucho en
todo el mundo, todavía hay países que son gobernados
por dictadores. En todos los continentes hay países que
no viven en democracia.

¿Qué otras formas de gobierno existen?

Entre las formas de gobierno más conocidas actualmente, están las siguientes:

● **Presidencialismo**

Los ciudadanos eligen al Jefe de Estado y de Gobierno.

● **Parlamentarismo**

Los ciudadanos eligen a los integrantes del Parlamento o Congreso y ellos, a su vez, eligen al gobernante.

● **Monarquía absoluta**

El Rey o la Reina tienen el mando de las decisiones y heredan el poder a su familia.

● **Monarquía parlamentaria**

El Rey o la Reina tienen el poder acotado por la Constitución y las leyes; los ciudadanos eligen al Parlamento que, a su vez, elige a un Jefe de Gobierno.

● **Teocracia**

Hay gobiernos, sobre todo en Oriente Medio, en donde los gobernantes se basan en mandatos religiosos, por ejemplo, *El Corán*.

● **Dictadura**

Una dictadura tiene solo una persona que gobierna con autoridad total. Por lo general, gobierna por la fuerza y no es elegido por los ciudadanos.

Y en México, ¿qué forma de gobierno tenemos?

En México, la democracia está garantizada por nuestra Constitución Política que, en el artículo tercero dice que la democracia, además de ser la forma de organización política, es un sistema de vida fundado en el constante mejoramiento económico, social y cultural del pueblo.

Resp

igualdad de oportu

Salud

TRABAJO DIGNO

DEMOCRACIA

SEGURI

Diálogo

TOLERANCIA

ONCIENCIA SOCIAL

DESARROLLO CULTURAL

DESARROLLO ECONÓMICO

INVESTIGACIÓN

EDUCACIÓN

memoria

LIBERTAD

JUSTICIA

SOLIDARIDAD

Ecología

¿Por qué participan en el gobierno más hombres que mujeres?

Durante mucho tiempo, en la mayoría de los países, las mujeres no podían participar en el gobierno. El gobierno y la política eran cargos reservados exclusivamente para los hombres.

Lo bueno es que esto ya ha cambiado y cada vez hay más mujeres que participan en cargos públicos.

Hoy en día, hay países que tienen mujeres presidentas. En México, las mujeres pueden votar apenas hace 60 años, pero hemos avanzado mucho. Hoy es obligatorio que los partidos políticos postulen candidatas y candidatos de manera paritaria; es decir, la mitad deben ser hombres y la mitad mujeres.

Entonces, ¡quiero ser democrático!

¡Qué buena idea! Es el mejor camino para conservar las libertades y los derechos que hoy gozamos y que, además, consiguieron con tanto esfuerzo las generaciones anteriores.

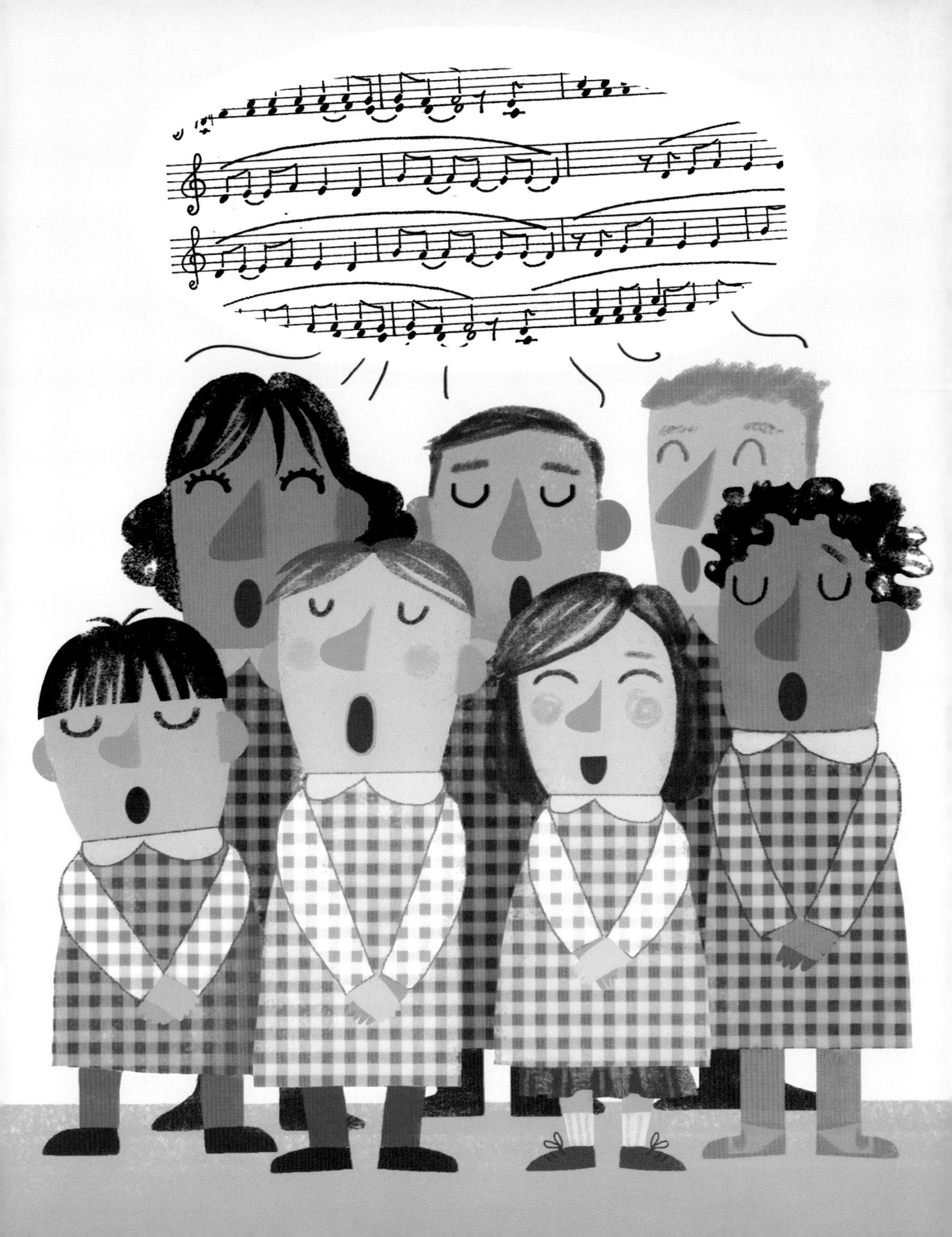

¡Vamos a jugar!

Escribe en los carteles las palabras que te gustaría que difundieran y cumplieran los ganadores de las próximas elecciones del México democrático actual.

Ayuda a Solón a encontrar el camino a la democracia.

Sobre los autores

Amparo Bosque
es educadora.

Luis Castro Obregón
es un estudioso de la política.

Susana Rosique
es ilustradora.

Le sugerimos revise la guía, dirigida a docentes y padres "Por una cultura de la legalidad", en *www.educadoressinfronteras.mx*